HISTOIRE

DE

SAINT OUEN,

XXIᵉ ARCHEVÊQUE DE ROUEN,

SES MIRACLES

ET TRANSLATION SOLENNELLE DE SES RELIQUES

DU PALAIS ARCHIÉPISCOPAL A L'ÉGLISE SAINT-OUEN,

LE 22 AVRIL 1860,

PAR MONSEIGNEUR DE BONNECHOSE,

ARCHEVÊQUE DE ROUEN, PRIMAT DE NORMANDIE,

PAR L. PETIT,

Auteur de l'Histoire de la Cathédrale de Rouen, de l'Histoire de la
ville d'Elbeuf, etc., etc.

—————⋗•⋖—————

Prix : 25 cent.

—————⋗•⋖—————

CHEZ TOUS LES LIBRAIRES DE ROUEN

ET DES DÉPARTEMENTS.

1860.

HISTOIRE DE SAINT OUEN,

XXIᵉ ARCHEVÊQUE DE ROUEN.

Saint Ouen, appelé aussi Dudon dans sa jeunesse, fut le vingt-unième archevêque de Rouen : il naquit vers l'an 600, à Saucy, près de Soissons, d'une famille très noble, très riche et fort religieuse; il eut pour père saint Authaire, seigneur français, pour mère, sainte Aige, et pour frères, saint Adon et saint Radon, qui était le plus jeune des trois. Son père, Authaire, fut honoré de plusieurs miracles que Dieu opéra sur son tombeau. Adon, son fils aîné, après avoir paru quelque temps à la cour de nos rois, l'abandonna pour se faire religieux dans le monastère de Jouare, qu'il fit bâtir; Radon, au contraire, resta à la cour, où, par une grâce providentielle, il se sanctifia, même dans l'administration des finances de l'État.

Dudon, ou saint Ouen, surpassa tous les membres de sa famille par l'éminence de ses vertus, par l'importance de ses emplois et la grandeur de ses actions. Les trois frères eurent dans leur enfance une rencontre des plus heureuses, qui contribua beaucoup à attirer sur eux l'abondance des grâces célestes. Comme saint Authaire se plaisait beaucoup à exercer l'hospitalité envers tous les voyageurs, mais particulièrement à l'égard des religieux et des missionnaires, il eut le bonheur de recevoir, dans sa terre de Vuichy-sur-Marne, le grand saint Colomban, dont la bénédiction attirait les grâces de Dieu sur tous ceux qu'il en gratifiait ; la vertueuse Aïge ne manqua pas de présenter ses trois enfants à ce vénérable abbé, qui les bénit et assura qu'ils seraient grands devant Dieu et devant les hommes, prédiction qui fut en effet ponctuellement accomplie dans la suite.

Saint Ouen fit ses études dans l'abbaye de Saint-Médard, de Soissons, et ne tarda pas à y faire de grands progrès dans les saintes écritures et dans les sciences humaines ; de là, ses parents le menèrent à la cour, où il contracta une étroite amitié avec saint Eloi, alors un des premiers officiers du roi Clovis II ; la parfaite liaison qui l'unissait à ce grand homme lui fut très avantageuse pour conserver son innocence dans un lieu alors si dangereux, qu'on pouvait appeler le théâtre de l'orgueil, de l'ambition et de la volupté. Loin de s'y corrompre, il fit au contraire de nouveaux progrès dans la piété, au milieu d'un monde dissolu, distribuant d'abondantes aumônes aux personnes nécessiteuses, et, s'il jouissait d'un grand crédit, il ne s'en servait que pour faire la guerre à l'hérésie, aux vices et à la simonie, dont il arrêta le cours, à la satisfaction des gens de bien.

A la mort de Clotaire II, dont saint Ouen avait aussi possedé les faveurs, Dagobert 1er, qui régna de 628 à 638, le prit en affection et lui continua la dignité de chancelier ou référendaire. Dans cette haute charge, il fit paraître une vertu et une prudence extraordinaires, et, dans toute sa conduite, il n'eut d'autre but que celui de la gloire de Dieu, le service du roi et la félicité du peuple, qui avait pour lui une grande vénération ; il fut entouré de l'estime et du respect des seigneurs de la cour. Cependant, au milieu des grandeurs, son cœur était entièrement détaché du monde. Il fit élever, sur son propre patrimoine, l'abbaye de Rebais, dans le dessein de s'y retirer, pour ne s'occuper, dans cette sainte retraite, que de la pensée de Dieu et de son salut, mais le roi et tous les seigneurs s'y opposèrent et le retinrent comme de force dans sa charge, qu'il continua jusqu'en 644, époque de sa promotion à l'archevêché de Rouen.

Ce que nous venons de dire déjà de la vie de saint Ouen, suffit pour faire comprendre les motifs qui portèrent le clergé et le peuple du diocèse de Rouen à le choisir pour pasteur, à la mort du glorieux saint Romain; ses belles qualités étaient placées en un lieu trop élevé pour n'être pas aperçues et admirées de toute la France. Les principaux d'entre eux, que leurs affaires avaient obligés d'aller à la cour, avaient vu reluire en lui une piété parfaite, un zèle ardent pour la religion et la justice, une très grande modération dans ses passions, un mépris des grandeurs et des délices de la terre dans une si haute fortune, une sagesse consommée, une charité sincère envers les pauvres, enfin, un assemblage de toutes les vertus épiscopales ; aussi, ne crurent-ils pouvoir donner à saint Romain un plus digne successeur, se souvenant, de plus, de la grande affection que saint Ouen leur avait témoignée en obtenant du roi, en faveur de la ville de Rouen, le privilége de délivrer, chaque année, un prisonnier, pour perpétuer le miracle de saint Romain.

Saint Ouen fut donc élu, en 644, et le choix du peuple

fut agréé du roi Clovis II, fils et successeur de Dagobert Ier.
Il n'y eut que le saint qui résista d'abord, par une grande
modestie, mais enfin il céda à la persuasion du roi, de tout
ce qu'il y avait de grand à la cour, et au violent désir des
peuples, persuadé qu'il devait faire leur bonheur dans cette
nouvelle charge. On ne sait s'il était dans les ordres sacrés
avant son élection; cependant, une charte de la Croix-Saint-
Ouen lui donne la qualité d'archi-chapelain, ou grand au-
mônier de Dagobert Ier. Saint Ouen fut ordonné prêtre par
Dieudonné, évêque de Mâcon, mais il ne reçut pas en
même temps l'onction épiscopale; il voulut s'y préparer par
la prédication, afin de ne pas passer de suite du manie-
ment des affaires civiles à l'exercice des saintes et sublimes
fonctions de l'épiscopat; il alla donc d'abord prêcher l'évan-
gile dans plusieurs provinces de France; puis il passa en
Espagne, où il fit un miracle: car étant arrivé dans un pays
qui était fort affligé par la stérilité et par une grande fa-
mine, parce que la pluie n'y était pas tombée depuis sept
ans, il obtint de Dieu, par ses ferventes prières, une pluie
abondante, qui réjouit fort tous les habitants, lesquels eurent
pour lui une grande vénération, en voyant un tel prodige.
L'Eglise en fait mention dans la collecte qu'elle adresse à
Dieu le jour de la fête de saint Ouen.

A son retour d'Espagne, comme il traversait l'Anjou,
saint Ouen guérit un paralytique; puis, étant de retour de
sa mission, il alla à Paris trouver saint Eloi, qui avait été
élu évêque de Soissons, et ils vinrent tous deux à Rouen,
où ils furent sacrés évêques le même jour, 14 mai 646, dans

le célèbre monastère de Saint-Pierre, depuis l'abbaye de Saint-Ouen.

Sur le siége épiscopal, il mena véritablement la vie d'un saint, macérant sa chair d'une manière incroyable, et, afin que le sommeil ne ralentît point le cours de sa fervente pénitence, il ne dormait que sur de dures et piquantes branches d'arbres, portant autour de son cou et de ses bras des cercles et des chaînes de fer, qu'on trouva dans son cercueil lors de sa translation, pleurant les péchés de son troupeau comme les siens propres, mais, puisant aussi de grandes et douces consolations dans la charité qu'il pratiquait au plus haut degré.

Les missions que saint Ouen avait entreprises en France et en Espagne, n'étaient que le prélude de celles qu'il devait faire dans son propre diocèse, où il annonça partout, avec un zèle admirable et persévérant, la sainte et pure doctrine de l'Evangile. Non seulement il prêchait dans sa cathédrale, mais encore il parcourait tout son diocèse, allant dans les villes, les châteaux forts, dans les bourgs et jusque dans les plus petits villages et hameaux, où il prenait plaisir à expliquer au simple peuple les mystères de notre foi, et à élever les esprits les plus rebelles et les plus grossiers à la connaissance et à l'amour de Dieu et de Jésus-Christ, en détruisant l'erreur, la superstition et les préjugés encore si nombreux à cette époque. Il envoyait d'excellents prédicateurs dans les endroits où il ne pouvait aller lui-même, et, à cet effet, il accrut considérablement son clergé, qu'il prit grand soin d'instruire dans la discipline ecclésiastique. Enfin,

il évitait autant qu'il le pouvait la compagnie et les vains
entretiens des grands et des gens du monde, ainsi que les
inutiles et frivoles visites de ses amis nombreux, pour aller
parmi le peuple répandre d'abondantes aumônes, visiter les
prisonniers, les malades , les veuves et les personnes affli-
gées, auxquelles il donnait de douces et saintes consolations..

Comme ses prédécesseurs, saint Ouen se plut à embellir et à
enrichir sa cathédrale, mais il les surpassa tous par sa munifi-
cence et ses nombreuses libéralités pour augmenter son trésor;
il la pourvut abondamment de livres, de vases sacrés d'une
très grande valeur, de vêtements sacerdotaux d'une grande
richesse, et de toutes sortes de meubles précieux, parmi
lesquels était un lit ou pavillon en forme de dais, tout cou-
vert de lames d'or, qu'il fit placer en un lieu éminent, afin
d'honorer la sainte Vierge, pour laquelle il avait une très
grande dévotion. Toutes ces richesses, le trésor de la cathédrale, les églises, couvents, monastères, abbayes et cha-
pelles, furent entièrement pillés par les Normands en 841.

Saint Ouen portait une affection toute particulière à l'état
religieux et désirait ardemment pouvoir construire des monastères dans toute la France ; aussi, en fonda-t-il un grand
nombre, surtout dans son diocèse , lesquels se firent tous
remarquer par la pureté de leur observance, la sainteté de
leurs règles, furent le berceau des arts, des sciences, des lettres
et des lumières , et produisirent enfin des hommes illustres
qui firent la gloire et l'orgueil de leur pays par leurs grandes
connaissances et leurs utiles travaux.

Ce fut sous son long et saint épiscopat de quarante-trois

ans que saint Wandrille, auquel il avait été uni d'une étroite amitié quand il était chancelier de France, et que depuis il avait fait sous-diacre, fonda l'abbaye de Fontenelle, depuis Saint-Wandrille, à 29 kilomètres de Rouen, qui fut si célèbre dans la suite et dont on voit encore de belles ruines ; il fonda aussi à Rouen quatre églises qu'il consacra lui-même, entre autres, en 650, une chapelle où est actuellement Saint-Vivien, et en 655 celle de Saint-Nicaise, toutes deux alors hors la ville. Saint Ouen eut aussi une grande part à la fondation de l'abbaye de Saint-Germer, élevée par ce saint hors du diocèse de Rouen. Saint Germer avait été ordonné prêtre par saint Ouen, ainsi que saint Ansbert, depuis abbé de Saint-Wandrille et son successeur à l'archevêché de Rouen, et ainsi que saint Herbland qui passa en Bretagne et fut abbé d'Aindre en l'évêché de Nantes.

L'abbaye si célèbre de Jumiéges fut aussi fondée sous saint Ouen par saint Philbert, qui avait passé ses premières années à la cour de France, où il avait eu part aux faveurs de notre saint archevêque. Saint Philbert s'était fait religieux dans l'abbaye de Rebaïs, fondée par saint Ouen, d'où il passa ensuite en Normandie et y bâtit le monastère de Jumiéges, sous la protection de Clovis II, de la reine sainte Bathilde et de saint Ouen.

Cependant saint Philbert perdit, pour un temps, l'amitié de saint Ouen, qui lui fit quitter son monastère pour le mettre en la prison de Rouen, située alors en la Poterne. En voici la cause : saint Philbert ayant parlé avec un saint zèle à Ebroïn, maire du palais des rois de Neustrie, et lui ayant reproché publiquement les injustices, les violences et les crimes qu'il commettait chaque jour envers le peuple et les grands, ce ministre en conçut une grande haine contre saint Philbert, et il résolut de le perdre à l'aide d'une accusation de lèse-majesté qu'il appuya de fausses lettres et de faux témoins. Ebroïn poursuivit son noir dessein avec tant d'adresse et de malice, que saint Ouen lui-même, malgré sa grande connaissance des hommes et des choses, y fut trompé d'abord ; mais ayant découvert la vérité, notre prélat rendit la liberté à saint Philbert, qu'il rétablit dans sa dignité, après lui avoir demandé pardon des chagrins qu'il lui avait causés bien involontairement ; mais comme il n'y avait point de sûreté en Neustrie pour saint Wandrille, il fut obligé de passer en Poitou dans un autre monastère.

Il y eut encore d'autres abbayes fondées dans le diocèse de Rouen du temps de saint Ouen, comme celle de Fécamp, que bâtit saint Vaninge, riche seigneur du pays de Caux, à la persuasion de saint Ouen qui lui rendit miraculeusement la santé ; une autre de Saint-Pierre, à Rouen, dont le premier abbé fut saint Sidoine, religieux de Jumiéges et disciple de saint Philbert ; celle de Pentallion, entre Pont-Audemer et Honfleur, dont saint Ouen donna la charge à saint Germer ; celle de Pavilly qui fut gouvernée par sainte Austreberte, et beaucoup d'autres qui ont été ruinées dans la suite par les Normands ou lors des guerres. Enfin, saint Ouen appuya de ses conseils éclairés et de son assistance plusieurs personnes qui désiraient embrasser l'état monastique, entre autres sainte Bertile, qui se retira dans le monastère de Jouarre, et sainte Angadresme.

La sollicitude paternelle de saint Ouen pour les fidèles de son diocèse parut encore dans le soin qu'il prit de fonder plusieurs hôpitaux destinés à recevoir les voyageurs et les pauvres malades : il en fit bâtir un entre autres dans l'île de Belcinac, dépendante de l'abbaye de Saint-Wandrille.

Notre saint archevêque fit un pélerinage à Rome, où il alla visiter les tombeaux des saints apôtres saint Pierre et saint Paul, la quatrième année du pontificat du pape Dieudonné, qui répond à l'an 672. A son retour, comme il approchait de Rouen, le clergé, suivi d'un peuple immense, alla au-devant de lui en procession solennelle : il fut accueilli par la joie universelle de son troupeau, heureux et charmé de le revoir au milieu de lui ; mais la satisfaction que cette brillante réception fit éprouver au saint prélat ne fut pas de longue durée, car il apprit presque aussitôt qu'une funeste division régnait à la cour du roi et menaçait la France d'une cruelle guerre civile. Tout âgé qu'il était, il se hâta de se rendre à Paris et à la cour où il fut assez heureux, par ses prières et ses démarches, pour apaiser l'orage qui se préparait. Cet évènement fait voir combien saint Ouen avait d'affection pour le bien de l'État et du peuple ; mais, ce qui le prouve encore mieux, c'est qu'à l'âge de soixante-quinze ans, le roi de France, Thierry Ier, l'envoya, en 675, à Cologne, en ambassade auprès de Pépin, roi d'Austrasie, pour y traiter de la paix, qu'il eut le bonheur de conclure à la satisfaction des deux peuples ; aussi saint Ouen possédait-il particulièrement l'affection du roi, qui lui avait donné, dans sa province, un pouvoir si étendu et si bien justifié, que nul n'était reçu à exercer aucune charge, soit ecclésiastique, soit séculière, que par son agrément, ce qui le rendit un des plus puissants prélats et l'un des plus grands bienfaiteurs de la province.

Pendant son ambassade, saint Ouen fit deux miracles : l'un à Cologne, où il rendit la parole à un muet, et l'autre à Verdun, où il délivra une femme possédée du malin esprit; il rapporta à Rouen les reliques de plusieurs saints, dont il enrichit sa cathédrale.

Saint Ouen alla ensuite porter au roi Thierry l'heureuse nouvelle du traité qu'il avait conclu, puis revint à Rouen, où il ne resta pas longtemps, car peu de temps après, il fut obligé de se rendre à la cour pour se trouver à une assemblée générale des États du royaume, que le roi avait convoqués à Clichy, près Paris, qui était alors une résidence royale. Comme il s'y rendait par la rivière d'Eure, en route il eut une vision céleste, qui lui marquait d'élever un monastère en un certain lieu où il planta une croix, à laquelle il attacha de saintes reliques ; c'est à cet endroit que fut bâtie depuis l'abbaye de la Croix-Saint-Ouen, lieu nommé encore aujourd'hui la Croix-Saint-Leufroy (Eure).

Notre saint archevêque étant arrivé à Clichy, fut surpris par une fièvre qui lui fit juger que son heure dernière approchait. Il s'y prépara avec joie et résignation, avec toute la ferveur d'une âme pure qui va retourner vers son créateur, pour en recevoir la récompense de ses nombre   travaux apostoliques, et du bien qu'il n'avait cessé de faire pendant toute sa vie. Le roi l'étant venu voir pendant sa maladie, le vertueux prélat supplia le prince d'employer toute son autorité royale pour que saint Ansbert, abbé de Saint-Wandrille, lui succédât dans son archevêché de Rouen. Le prince lui accorda cette demande, qui le combla de joie, car il savait qu'il aurait un successeur qui poursuivrait avec zèle ce qu'il avait si bien édifié dans son diocèse. Il rendit l'esprit le 24 août 689, après un épiscopat de quarante-trois ans et quatre mois, étant âgé de quatre-vingt-neuf ans.

Les funérailles de saint Ouen furent solennelles et magnifiques; le roi, la reine, les princes et tous les seigneurs, qui s'étaient rendus aux états-généraux de Clichy, accompagnèrent ses restes vénérés jusqu'à Pontoise, d'où ils furent apportés à Rouen, au milieu d'une consternation universelle et d'un deuil général. Son corps fut inhumé, avec une grande pompe religieuse et funèbre dans la basilique de l'abbaye royale de Saint-Pierre, qui, depuis, s'appela Saint-Ouen, et qu'il avait enrichie considérablement de son propre patrimoine.

L'opinion générale de sainteté dans laquelle saint Ouen était mort, ne tarda pas à se manifester d'une manière évidente par un grand nombre de miracles qui s'opérèrent à son tombeau. Trois ans après, saint Ansbert, son successeur, fit transférer son corps, qui fut trouvé dans un parfait état de conservation, du lieu où il était, pour le mettre en plus grand honneur dans un autre plus éminent : il fut donc déposé à côté de l'autel de saint Pierre dans une châsse magnifique et des plus riches.

Il y eut, dans la suite, plusieurs autres translations du corps de saint Ouen. En 840, les religieux de Saint-Ouen avaient enlevé les saintes reliques pour les soustraire aux terribles ravages des Normandes ; Rollon, devenu chrétien, les fit rapporter en grande pompe à Rouen. Ce fut alors qu'eut lieu la seconde translation de ces saintes reliques, le 9 février 918, sous l'épiscopat de Francon, quarante-unième archevêque de Rouen, qui avait eu le bonheur de baptiser ce chef redoutable, ses officiers et un grand nombre de ses soldats. En cette circonstance solennelle, on vit ce premier duc de Normandie, accompagné du clergé de toute la ville, de toutes les communautés religieuses, et suivi d'un peuple immense, se rendre jusqu'à Darnétal, nu pieds, et vêtu de grossiers habits de laine, au-devant de la châsse qui renfermait le précieux dépôt, qu'il aida à rapporter à Rouen, avec les sentiments de la plus sincère piété.

Richard Iᵉʳ, dit Sans-Peur, troisième duc de Normandie, fit faire, pour les reliques de saint Ouen, une autre châsse plus riche et plus magnifique que la précédente ; et Hugues II, quarante-troisième archevêque de Rouen, en présence des évêques d'Evreux et de Lisieux, fit une nouvelle exhumation du corps du vénérable prélat, auprès duquel on trouva les bandes, les cercles de fer, les chaînes et autres instruments de pénitence qui avaient été déposés dans son tomboau lors de sa sépulture.

La belle nef de l'église de Saint-Ouen ayant été terminée, au xvıᵉ siècle, par l'abbé Bohier, sous la direction du célèbre architecte Berneval, on fit faire aussi une nouvelle châsse

pour remplacer l'ancienne, que le temps avait endommagée.
Le 8 décembre 1513, le cardinal Georges II, d'Amboise,
quatre-vingt-unième archevêque de Rouen, transféra solen-
nellement les reliques du saint dans la nouvelle châsse, enrichie d'or, d'argent et de pierres précieuses. Ce magnifique
et riche reliquaire fut impitoyablement profané et pillé par
les protestants en 1562, et les ossements dispersés, à l'ex-
ception, toutefois, de quelques-uns seulement, qui furent
précieusement recueillis et gardés provisoirement dans une
petite caisse déposée dans la sacristie de l'église, où ils res-
tèrent jusqu'en 1654, que l'évêque d'Olonne, grand-vicaire
de François III de Harlay, quatre-vingt-septième archevêque
de Rouen, en déposa quelques fragments dans l'autel dédié
à saint Ouen. Les malheureuses dévastations de 93 disper-
sèrent encore ces précieux restes. Depuis cette dernière époque, on ne possédait plus aucune relique de notre illustre
et saint pontife, lorsque monseigneur Blanquart de Bailleul
apprit que le diocèse de Cambrai en possédait quelques
fragments, qu'il s'empressa de réunir pour en faire don à
la paroisse de Saint-Ouen, avec une somme de 500 fr., pour
contribuer à l'érection d'une nouvelle châsse. Cette noble et
pieuse pensée fut accueillie avec un généreux empressement
par le respectable M. Beaucamp, curé de Saint-Ouen, et les
fidèles de cette paroisse ; une souscription s'élevant aujour-
d'hui à 8,000 fr., a permis d'ériger, sur les dessins de
M. Démarest, architecte du département et de l'église Saint-
Ouen, un édicule en bois de chêne, placé derrière l'autel
du chœur de l'église, et construit par M. Alfred Leduc, me-

nuisier à Rouen. Cet édicule, dont les dorures et les enlumi-
nures viennent d'être terminées, est destiné à recevoir la
châsse en bronze doré que l'un des plus habiles fabricants
de bronze de Paris achève en ce moment, pour recevoir les
derniers vestiges de notre saint archevêque, qui, en atten-
dant, ont été déposés provisoirement dans une châsse éga-
lement en bronze doré.

Les grandes prédications de saint Ouen, pendant sa longue
et laborieuse carrière, ses nombreuses fondations et le grand
nombre de miracles qu'il fit pendant sa vie et après sa mort,
lui ont conservé, jusqu'à ce jour, la vénération des généra-
tions qui se sont succédées depuis douze cents ans, et qui lui
ont consacré plus de quarante églises dans le diocèse de
Rouen seulement, et plusieurs autres en diverses provinces
de France et même en Irlande; aujourd'hui encore, un grand
nombre de localités de Normandie portent son nom, particulièrement dans le département de la Seine-Inférieure et
dans celui de l'Eure.

On célébrait autrefois quatre fêtes annuelles en l'honneur
de saint Ouen : le 24 août, fête de sa mort, avec octave, auquel jour le clergé de la Cathédrale avait coutume de venir
célébrer cette fête à l'église dédiée au saint; la deuxième,
le 5 mai, qui était celle de sa translation; la troisième, le
14 mai, fête de son ordination, et enfin la quatrième, le
1er février, en mémoire d'une autre translation.

Saint Ouen assista à la plupart des assemblées ecclésiastiques
tenues de son temps : étant encore séculier, il se trouva à un
synode que Dagobert Ier ou Clovis II, son fils, convoqua à

la sollicitation de notre saint et de son ami saint Éloi, à l'effet de détruire entièrement la simonie, qui depuis longtemps désolait l'Eglise gallicane. On remarque la signature de saint Ouen au testament que fit, en 647, Léobodus, abbé de Saint-Aignan d'Orléans, en faveur des religieux de la célèbre abbaye de Fleury-sur Loire, où reposa longtemps le corps du bienheureux saint Benoist.

Saint Ouen et saint Éloi se trouvèrent aussi à une assemblée du clergé, tenue par ordre du roi Clovis II, où ils furent députés, pour aller trouver le pape Martin, et travailler avec lui à l'extirpation de l'hérésie des Monothélites. Il assista au concile de Châlons, tenu en 650, et fut présent au synode d'Orléans, en 651, où un monothélite des plus subtils et des plus opiniâtres fut convaincu par l'évêque Salvius et par saint Ouen et saint Éloi.

Saint Ouen souscrivit, en 658, à l'exemption de l'abbaye royale de Saint-Denis; en 664, au privilége de Saint-Pierre de Corbie; en 665, aux lettres d'exemption accordées aux abbayes de Sainte-Colombe et de Saint-Pierre-le-Vif-lès-Sens; et en 678, à celles qui furent données à Saint-Vaast d'Arras; enfin, il a écrit la vie de saint Éloi, dans laquelle il a fait un tableau achevé de sa grande sainteté ainsi que de ses belles et nombreuses actions.

La translation solennelle des reliques de saint Ouen, présidée par monseigneur de Bonnechose, archevêque de Rouen, le dimanche 22 avril 1860, n'est pas seulement la fête d'une paroisse, mais encore celle de toute la cité qui revoit avec joie au milieu d'elle les restes précieux d'un homme illustre, dont elle ressentit les plus grands bienfaits, et l'une des gloires de la France, qu'il servit avec honneur dans des temps de ténèbres et de barbarie, cherchant toujours à adoucir les violences ou à réparer les désordres de cette malheureuse époque.

Les reliques du saint consistent en quelques ossements de la tête : si la tête eût été entière, le clergé de toutes les paroisses eut prêté son concours à cette solennité religieuse.

Cette pieuse cérémonie a commencé à neuf heures du matin. Le clergé de la paroisse Saint-Ouen, allant en grande pompe au palais archiépiscopal pour y prendre les saintes Reliques, s'est rendu en procession solennelle à l'église, accompagné d'une foule nombreuse de fidèles. La grand' messe a été célébrée à dix heures par M. l'abbé Caumont, vicaire-général et doyen du Chapitre; le sermon a été prêché par monseigneur l'Archevêque; l'après-midi, il y a eu vêpres et salut solennels, et bénédiction donnée par monseigneur de Bonnechose aux fidèles, heureux de posséder maintenant ces saintes Reliques, qui ne peuvent qu'attirer sur notre cité les bénédictions du ciel, la protection de l'illustre saint et les faveurs spéciales d'un Dieu tout-puissant.

Rouen, imprimerie veuve A. Surville, rue des Bons-Enfants, 46.